LA

VÉRITÉ SOCIALE

PAR

|VOLTAIRE ET J.-J. ROUSSEAU

PARIS

IMPRIMERIE BALITOUT, QUESTROY ET Cⁱᵉ

7, RUE BAILLIF, ET RUE DE VALOIS, 13

AU PEUPLE

LA

VÉRITÉ SOCIALE

PAR

VOLTAIRE ET J.-J. ROUSSEAU

> On dit que nous sommes les fils de
> Voltaire et de J.-J. Rousseau. Or, voici
> la vérité sociale proclamée par nos pères.
>
> GALLIAS.

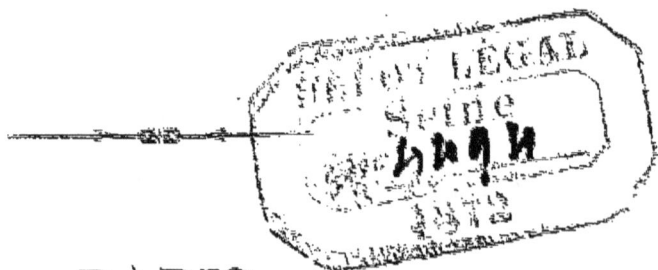

PARIS

GARNIER FRÈRES, LIBRAIRES - ÉDITEURS

6, rue des Saints-Pères, et Palais-Royal, 215

1872

AU PEUPLE

On dit que nous sommes les fils
de Voltaire et de J.-J. Rousseau.
Or, voici la vérité sociale procla-
mée par nos pères.

CALLIAS.

I

C'est un outil de merveilleux service que *l'instruction,* mais d'un bien dangereux emploi, si l'on ne sait
pas s'en servir. Mon premier soin fut donc d'appren-
dre à le manier sans danger pour moi et pour mes
semblables.

A cet effet, je consultai les savants, je feuilletai
leurs livres, j'examinai leurs diverses opinions. Je les
trouvai tous orgueilleux, affirmatifs, sentencieux,
n'ignorant rien, ne prouvant rien, se moquant les uns
des autres; et ce point, commun à tous, me parut le
seul sur lequel ils ont tous raison. Triomphants quand
ils attaquent, ils sont sans vigueur en se défendant.
Si vous pesez leurs raisons, ils n'en ont que pour dé-
truire; si vous comptez les voix, chacun est réduit à

la sienne; ils ne s'accordent que pour disputer; les écouter n'était pas le moyen de m'instruire.

Je conçus que l'insuffisance de l'esprit humain est la première cause de cette prodigieuse diversité de sentiments, et que l'orgueil est la seconde. Des mystères impénétrables nous environnent de toutes parts; pour les percer nous croyons avoir de l'intelligence, nous n'avons que de l'imagination. Chacun se fraye, à travers ce monde imaginaire, une route qu'il croit la bonne; nul ne peut savoir si la sienne mène au but. Cependant, nous voulons tout pénétrer, tout connaître. Nous aimons mieux nous déterminer au hasard, que d'avouer qu'aucun de nous ne peut voir ce qui est.

Quand les savants seraient en état de découvrir la vérité, qui d'entre eux prendrait intérêt à elle? Chacun sait bien que son système n'est pas mieux fondé que les autres; mais il le soutient par ce qu'il est à lui. Où est le philosophe qui, pour sa gloire, ne tromperait pas volontiers le genre humain? Où est celui qui, dans le secret de son cœur, se propose un autre objet que de se distinguer? Pourvu qu'il s'élève au-dessus du vulgaire, pourvu qu'il efface l'éclat de ses concurrents, que demande-t-il de plus? L'essentiel est de penser autrement que les autres. Chez les croyants il est athée, chez les athées il serait croyant (1).

II

Connais-toi toi-même, répétait sans cesse le plus vertueux entre les hommes. — Je suivrai donc le pré-

(1) Jean-Jacques Rousseau, *Emile.*

cepte de Socrate; je m'étudierai moi-même pour
connaître l'instrument dont je veux me servir, et jusqu'à quel point je puis me fier à son usage.

J'existe, et j'ai des sens par lesquels je suis affecté.
Voilà une vérité dont il m'est impossible de douter.
Mais les sensations que j'éprouve en moi, ont une
cause qui m'est étrangère, puisqu'elles m'affectent
malgré moi. En effet il ne dépend pas de moi de produire, ni d'anéantir le soleil qui m'éblouit les yeux, le
tonnerre qui frappe mon oreille, la terre sur laquelle
je marche.

Ainsi, non-seulement j'existe; mais il existe d'autres
êtres autour de moi. Me voici donc tout aussi sûr de
l'existence de mes semblables et de l'univers que de la
mienne.

Ensuite, je réfléchis sur les objets de mes sensations,
et observant que cet arbre est beaucoup plus haut que
cet autre, que mon échelle ne peut en atteindre les
premières branches, je découvre en moi une *force active* qui est la faculté de *comparer*.

Apercevoir, c'est sentir; comparer, c'est juger : juger et sentir ne sont donc pas la même chose.

Qu'on donne tel ou tel nom à cette force qui compare
mes sensations, qu'on l'appelle *attention*, *méditation*,
réflexion, ou comme on voudra : toujours est-il vrai
que cette force est en moi et non dans les objets qui
sont hors de moi. Je ne puis m'empêcher de sentir
une piqûre; mais je suis maître d'examiner l'objet qui
m'a piqué.

Je ne suis donc pas simplement un être *sensitif*, mais
un être *intelligent* capable d'examiner et de juger.

Mes *sens*, c'est-à-dire mes organes physiques, et mon

intelligence ou *raison* composant tout mon être, ces deux ordres de facultés employées toujours ensemble et avec sagesse doivent être des guides sûrs et fidèles, puisqu'il n'y a pas en moi d'autres moyens pour arriver à la connaissance de la vérité.

L'expérience ou *observation raisonnée,* tel est le maître qui m'enseignera à me servir de ce merveilleux instrument appelé l'*instruction.*

III

Tout ce que j'aperçois par les sens est *matière*. Je la vois tantôt en mouvement, tantôt en repos. D'où ma raison conclut que le mouvement est une action, résultant d'une cause. Une pierre qui roule obéit à une force qui l'entraîne ; mais si cette force vient à cesser, la pierre reste en repos. Quand donc rien n'agit sur la matière, elle ne se meut point. Les atômes, dont cette pierre est formée, sont-ils en mouvement dans l'intérieur de la pierre ? — Peut-être oui, peut-être non, — je n'en sais rien, je ne les vois pas. — Mais ce qui est certain, c'est que l'état naturel de la pierre ou de la matière, est le repos.

J'aperçois dans les corps deux sortes de mouvement, savoir : un mouvement *communiqué* et un mouvement *spontané* ou *volontaire*. Dans le premier, la cause motrice est étrangère au corps en mouvement ; dans le second, cette cause motrice réside dans le corps lui-même. Ainsi, je veux mouvoir mon bras, et je le remue, sans que ce mouvement ait d'autre cause immédiate que ma volonté. Ma montre au contraire, n'a pas de mouvement *spontané* ou *volontaire*; c'est moi qui le lui communique en montant le ressort, quand il est détendu.

L'expérience prouve donc que les actions des hommes sont *spontanées* ou *volontaires*, et que la matière inanimée ne se meut pas d'elle-même, et qu'elle ne produit aucune action.

Plus j'observe l'action et réaction des forces de la nature agissant les unes sur les autres, plus ma raison me démontre que d'effets en effets, il faut toujours remonter à quelque *volonté* pour première cause. Or, comme ce n'est ni moi, ni mes semblables qui produisons le mouvement du soleil, des planètes et des autres astres, je suis donc obligé de reconnaître qu'une *volonté suprême* meut l'univers et anime la nature.

Voilà *mon premier dogme, mon premier article de foi.*

Comment une volonté produit-elle une action physique et corporelle? — Je n'en sais rien. Mais je vois que cette action se produit. La volonté m'est connue par ses actes, et non par sa nature. Je connais cette volonté comme cause motrice; mais concevoir un effet sans cause, c'est concevoir qu'une charrue peut labourer un champ sans que rien ne la conduise: ce qui est absurde (1).

_____

(1) J.-J. Rousseau, *Emile.*

IV

Les idées générales et abstraites sont la source des plus grandes erreurs des hommes ; jamais le jargon de la méthaphysique n'a fait découvrir une seule vérité, et il a rempli le monde d'absurdités, dont on a honte sitôt qu'on les dépouille de leurs grands mots.

Dites-moi, mon ami, si, quand on vous parle d'une *force universelle*, de *mouvement nécessaire*, de *hiérarchies* de nécessités, ces mots vagues et abstraits portent quelque véritable idée à votre esprit? On croit dire quelque chose, et l'on ne dit rien du tout. Je comprends que le mécanisme du monde peut n'être pas intelligible à l'esprit humain ; mais sitôt qu'un savant se mêle de l'expliquer, ce savant doit se servir d'un langage intelligible pour tous (1).

V

Si la matière en mouvement me montre une *volonté*; la matière en mouvement, selon certaines lois, me montre une *intelligence*.

C'est mon second article de foi.

Agir, comparer, choisir sont les opérations d'un être *actif* et *pensant :* donc cet Être existe. Où le voyez-vous exister, m'allez-vous dire? — Non-seu-

(1) J.-J. Rousseau, *Émile.*

lement dans les cieux qui roulent sur nos têtes, dans l'astre qui nous éclaire, non-seulement dans moi-même; mais dans la brebis qui paît, dans l'oiseau qui vole, dans la pierre qui tombe, dans la feuille qu'emporte le vent.

J'ignore pourquoi l'univers existe; mais je juge qu'un ordre admirable y règne, et que pour juger de cet ordre, il me suffit de comparer les parties entre elles, d'étudier leurs concours, leurs rapports, d'en remarquer le concert et l'harmonie. Je suis comme un homme qui verrait pour la première fois une montre, dont on lui aurait caché le cadran. Cet homme se dirait : Je ne sais à quoi le tout est bon ; mais je vois que chaque pièce est faite pour les autres. J'admire l'ouvrier dans le détail de son ouvrage, et je suis bien sûr que tous ces rouages ne marchent ainsi de concert que pour une fin commune, quoiqu'il me soit impossible de l'apercevoir (1).

VI

Que l'univers ait été façonné à telle ou telle époque, toujours est-il certain que cet univers est *un* et annonce une *intelligence unique*. Cet Être qui veut et peut, cet Être qui agit par lui-même, cet Être enfin, quel qu'il soit, qui fait mouvoir l'univers, coordonne toutes choses, je l'appelle DIEU (2).

Je joins à ce nom les idées *d'intelligence*, de *puis-*

(1) J.-J. Rousseau, *Émile.*
(2) J.-J. Rousseau, *Émile.*

sance, de *volonté*, que j'ai rassemblées, à celle de *bonté* qui en est la suite nécessaire.

Je sais très certainement que Dieu existe, et qu'il existe par lui-même; je sais que mon existence est subordonnée à la sienne, et que toutes les choses qui me sont connues sont absolument dans le même cas; j'aperçois Dieu partout dans ses œuvres, dans moi et autour de moi; mais sitôt que je veux le contempler en lui-même, sitôt que je veux chercher où il est, ce qu'il est, quelle est sa substance, il m'échappe, et et mon esprit troublé n'apperçoit plus rien.

Les raisonnements sur la nature de Dieu sont toujours téméraires. Un homme sage ne doit s'y livrer qu'en tremblant; car ce qu'il y a de plus injurieux à la Divinité n'est pas de n'en point raisonner, mais d'en mal raisonner (1).

VII

Il y avait en France, vers l'an 1750, un jésuite anglais nommé Needham, déguisé en séculier, qui servait alors de précepteur au neveu de M. Dillon, archevêque de Toulouse. Cet homme faisait des expériences de physique et surtout de chimie.

Après avoir mis de la farine de seigle ergoté dans des bouteilles bien bouchées, et du jus de mouton dans d'autres bouteilles, il crut que son jus de mouton et son seigle ergoté avaient fait naître des anguilles, lesquelles même en reproduisaient bientôt

(1) J.-J. Rousseau, *Émile*.

d'autres, et, qu'ainsi, une race d'anguilles se formait indifféremment d'un jus de viande et d'un grain de blé (1).

Un physicien, qui avait de la réputation, ne douta point que ce Needham ne fût un profond athée. Il conclut que, puisque l'on faisait des anguilles avec de la farine de seigle, on pouvait faire des hommes avec de la farine de froment, que la nature et la chimie produisaient tout, et qu'il était démontré qu'on peut se passer d'un Dieu, formateur de toutes choses.

Il est bien étrange que des hommes, en niant un Créateur, se soient attribué le pouvoir de créer des anguilles ! Ce qu'il y a de plus déplorable, c'est que des physiciens plus instruits adoptèrent le système de Needham, et quelques-uns prétendirent que les hommes étaient originairement des marsouins, dont la queue fourchue se changea en cuisses et en jambes dans la suite des temps. De telles imaginations peuvent être mises avec les anguilles formées par de la farine ! (2)

Prétendre que la matière aveugle et sans choix produit des animaux intelligents ! Produire sans intelligence des êtres qui en ont ! Cela est-il concevable ? — Je crois donc que le monde est gouverné par une volonté puissante et sage (3).

(1) Un chimiste a renouvelé, il y a quatre ou cinq ans, l'expérience de Needham, mais avec de l'eau pure seulement ; et il s'est trouvé des Académiciens qui ont écrit mémoires sur mémoires pour et contre cette *sottise* inouïe du siècle dernier, comme l'appelait Voltaire.

(2) De nos jours, un membre de l'Institut prétend que les hommes étaient originairement des singes. Renvoyons l'illustre savant aux marsouins et aux anguilles de Needham.

(3) Voltaire, *Dict. Philos.*

La matière est étendue, solide, gravitante, divisible; j'ai tout cela aussi bien que cette pierre. Mais a-t-on jamais vu une pierre *sentante* et *pensante*? — Si je suis étendu, solide, divisible, je le dois à la matière; mais j'ai sensations et pensées. — A qui le dois-je? — Ce n'est pas à de l'eau, à de la fange. C'est donc à quelqu'un de plus puissant que moi. — C'est à la combinaison seule des éléments, dites-vous. — Prouvez-le-moi donc, faites-moi donc voir clairement qu'une cause intelligente ne peut m'avoir donné l'intelligence. Il ne suffit pas que vous me disiez : Il n'y a point de Dieu, pour que je vous croie sur votre parole. Il faut chercher ailleurs une preuve démonstrative que Dieu n'existe pas; et c'est ce qu'assurément, personne n'a trouvé, ni ne trouvera (1).

VIII

Virgile dit : « L'esprit régit le monde; il s'y mêle, il l'anime. » Virgile a bien raison, et Benoît Spinosa, qui n'a pas la clarté de Virgile, et qui ne le vaut pas, est forcé de reconnaître une intelligence qui préside à tout. S'il me l'avait niée, je lui aurais dit : Benoît, tu es fou; tu as une intelligence et tu la nies! A qui la nies-tu?

Toutes les pièces de la machine de ce monde sont si bien faites l'une pour l'autre, que c'est se boucher les yeux et l'entendement que de prétendre qu'il n'y

(1) Voltaire, *Dictionnaire philosophique*.

a aucun but, aucun dessein dans la nature; et s'il y a un but, un dessein, il y a une cause intelligente, il existe un DIEU (1).

Certains savants affectent pourtant de se moquer du dessein, du but, des causes finales qu'il y a dans l'univers. C'est plutôt, ce me semble, de ces savants qu'il faudrait se moquer. Ils vous disent que « les cau- » ses finales ne sont qu'un vieux logogriphe théologi- » que; qu'il n'y a point de cause finale, que nos or- » ganes, nos membres ne sont pas destinés à telle ou » telle fonction; mais que nous en tirons tous les » avantages qu'ils peuvent nous procurer. »

Quoi! affirmer que l'œil n'est pas fait pour voir; la bouche, pour parler, pour manger; l'estomac, pour digérer, le cœur, pour recevoir le sang des veines et l'envoyer dans les artères; les pieds pour marcher, les oreilles pour entendre, n'est-ce pas là la plus énorme absurdité, la plus révoltante folie qui soit jamais tom- bée dans l'esprit humain? (2)

Pour moi je ne vois dans la nature, comme dans les arts, que des causes finales, et si un pommier n'est pas fait pour porter des pommes, comme une montre est faite pour marquer l'heure, je trouverai fort bon qu'on m'appelle *cause-finalier*, c'est-à-dire un imbécille (3).

(1) Voltaire, *Dict. Philos.*
(2) Voltaire, *Dict. Philos.*
(3) Voltaire, *Dict. Philos.*

IX

Il ne faut pas sans doute abuser des causes finales. Pour qu'on puisse s'assurer de la fin véritable pour laquelle une cause agit, il faut que cet effet soit de tous les temps et de tous les lieux. Il n'y a pas eu des vaisseaux en tout temps et sur toutes les mers; ainsi l'on ne peut pas dire que l'Océan ait été fait pour les vaisseaux. On sent combien il serait ridicule de prétendre que Dieu eût travaillé de tout temps pour s'ajuster aux inventions de nos arts arbitraires, qui tous ont paru si tard; mais il est bien évident que si les nez n'ont pas été faits pour les bésicles, ils l'ont été pour l'odorat, et qu'il y a des nez depuis qu'il y a des hommes. De même les mains n'ayant pas été données en faveur des gantiers, elles sont visiblement destinées à prendre et à tenir les objets.

L'ordre admirable du monde, l'organisation merveilleuse des êtres, dont Dieu est la cause, sont, au dire de quelques libres penseurs, plutôt des mots sonores que des vérités.

« Il ne s'écoule pas une heure dans la journée,
» répètent-ils, sans que le désordre, et l'irrégularité
» ne se manifestent dans les éléments : les orages, les
» tempêtes, les sécheresses, les pluies torrentielles,
» les climats brûlés du soleil, les contrées glacées par
» le froid, les tremblements de terre, etc. »

Cette objection ne prouve rien contre les causes finales; car, de ce que la maison que vous habitez ne contient pas des logements aussi beaux les uns que les autres, qu'il y a des mansardes et des greniers, que des parties sont exposées au nord, d'autres au midi, il ne s'ensuit pas que cette maison n'ait pas été faite pour être habitée. Et si cette maison venait à brûler et à ensevelir trois ou quatre locataires innocents, assurément la justice humaine n'accuserait pas l'architecte d'avoir manqué de sagesse et de bonté.

Les demi-savants rejettent les causes finales, mais les vrais philosophes les admettent, et je les regarde comme les apôtres de la divinité : un curé de paroisse enseigne Dieu aux enfants, et Newton le démontre aux sages (1).

X

Après m'être assuré de l'existence de Dieu, je reviens à moi et je cherche quel rang j'occupe parmi les êtres de ce monde. Je me trouve incontestablement au premier; car quel être ici-bas, hors l'homme, sait observer tous les autres, mesurer, calculer, prévoir leurs mouvements, leurs effets?

Non-seulement l'homme dompte les animaux, non-seulement il dispose des éléments par son industrie; mais lui seul sur la terre en sait disposer et il s'approprie encore par la contemplation les astres mêmes, dont il ne peut approcher. Quoi! je puis sentir ce que c'est qu'ordre, beauté, vertu, je puis contempler l'univers, m'élever à la main qui le gouverne; je puis ai-

(1) Voltaire, *Dict. philos.*

mer le bien, le faire, et je me comparerais aux bêtes!!

En méditant davantage sur la nature de l'homme, j'y découvre deux principes distincts, dont l'un m'élève à l'étude des vérités éternelles, à l'amour de la justice et du beau moral, aux régions du monde intellectuel ; dont l'autre me ramène bassement en moi-même, m'asservit à l'empire des sens, aux passions qui sont leurs ministres, et contrarie par elles tout ce que m'inspire le premier instinct.

En me sentant entraîné, combattu par ces deux mouvements contraires, je me dis : Non, l'homme n'est pas un être composé seulement d'un corps. Je veux et ne veux pas ; je me sens à la fois esclave et libre ; je vois le bien, je l'aime, et je fais le mal. Quand je me reproche ma faiblesse, je n'écoute que ma volonté ; le sentiment de ma liberté ne s'efface en moi que quand je me déprave ; et mon pire tourment, quand je succombe, est d'avoir la *conscience* que j'étais libre de résister,

Conscience ! conscience ! immortelle et céleste voix ! juge infaillible du bien et du mal, qui rend l'homme semblable à Dieu ! C'est toi qui fais l'excellence de sa nature et la moralité de ses actions !

L'homme étant libre dans ses actions est donc animé d'une substance immatérielle, que j'appelle AME.

C'est mon troisième article de foi (1).

1) J.-J. Rousseau, *Emile*.

XI

La Providence a fait l'homme libre, afin qu'il fît non le mal, mais le bien par choix. Elle l'a mis en état de faire ce choix en usant des facultés dont elle l'a doué. Murmurer de ce que Dieu n'empêche pas l'espèce humaine de faire le mal, c'est murmurer de ce qu'il mît à ses actions la moralité qui les ennoblit, de ce qu'il lui donna droit à la vertu. Que pouvait de plus en notre faveur la Puissance divine elle-même ? Pouvait-elle mettre de la contradiction dans notre nature, et donner le prix d'avoir bien fait à un être qui n'eût pas le pouvoir de mal faire ? Quoi ! pour empêcher l'homme d'être méchant, fallait-il le borner à l'instinct, et le faire bête ? Non, Dieu de mon âme, jamais je ne te reprocherai de l'avoir fait à ton image, afin que je puisse être libre, bon et heureux comme toi (1)!

C'est l'abus de nos facultés qui produit le mal moral. C'est par leur ambition, leur cupidité, leur soif du pouvoir que tous les tyrans couronnés ou démagogues déchaînent sur l'espèce humaine le plus grand des maux en morale, la guerre civile ou étrangère; car elle traîne après elle tous les crimes : calomnies dans les déclarations, perfidies dans les traités, la rapine, la dévastation, le viol, les incendies, la peste, la famine, la douleur et la mort sous toutes les formes.

(1) J.-J. Rousseau.

Jamais assurément on ne pourra dire que l'homme a été créé de Dieu pour massacrer et se faire massacrer (1).

Quant au mal physique, le plus grand sans doute est la mort; mais il était impossible que l'homme fût immortel sur cette terre, par la raison qu'en peu de temps le globe n'aurait pu suffire à nourrir toutes les générations qui se seraient accumulées sur sa surface. La mort n'est donc ni une erreur, ni un mal, ni une injustice de Dieu.

L'homme né pour mourir ne pouvait pas plus être soustrait aux douleurs qu'à la mort. Pour qu'une substance organisée et douée de sentiments n'éprouvât jamais de douleur, il faudrait que toutes les lois de la nature changeassent, que la matière ne fût plus divisible, qu'il n'y eût plus ni pesanteur, ni action, ni force; qu'un rocher pût tomber sur un homme sans l'écraser, que l'eau ne pût le suffoquer, que le feu ne pût le brûler. L'homme sans douleurs est donc aussi impossible que l'homme immortel (2).

XII

Lorsque la mort vient rompre l'union du corps et de l'âme, je conçois que l'un, qui est matière, peut se dissoudre, et l'autre, qui est une substance immatérielle, doit se conserver. Pourquoi la destruction du corps entraînerait-elle la destruction de l'âme? Au contraire, le corps et l'âme étant d'une nature diffé-

(1) Voltaire, *Dict. philos.*
(2) Voltaire, *id.*

rente, quand l'union cesse, l'âme active et vivante regagne toute la force qu'elle employait à mouvoir la matière inerte du corps.

Si l'âme n'était pas immor' elle, Dieu me priverait d'un bien dont il m'a donné l'idée, et dont il m'a fait sentir le besoin. En effet, plus je rentre en moi-même, plus je me consulte, et plus je lis ces mots écrits dans mon âme : *Sois juste*, et *tu seras heureux*. Il n'en est rien pourtant : souvent le méchant prospère, et le juste reste opprimé. Ma conscience alors s'élève et murmure contre Dieu; ellelui crie : Tu m'as trompé!

— Je t'ai trompé, mon fils, et qui te l'a dit? — Ton âme est-elle anéantie? Dois-je te payer ta vertu d'avance, ton salaire avant le travail? — Tu vas mourir, penses-tu; non, tu vas vivre, et c'est alors que je te donnerai le bien dont je t'ai donné l'idée et fait sentir le besoin durant ta vie.

Quand je n'aurais d'autre preuve de l'immortalité de l'âme que le triomphe du méchant et l'oppression du juste en ce monde, cela seule m'empêcherait d'en douter (1).

XI

Voici cependant que des physiologistes entreprennent de démontrer la *matérialité* de l'âme par le fait suivant :

« On trouve, disent-ils, dans les dépôts urinaires » du savant, qui a fortement appliqué son esprit, des

(1) J.-J. Rousseau, *Émile*.

» phosphates et des sulfates alcalins en excès; le
» phosphore et le souffre du cerveau, dans l'exercice
» de l'entendement, s'oxydent donc, puis se com-
» binent avec des alcalis, la soude et la potasse, pour
» former des phosphates et des sulfates alcalins. C'est
» donc l'oxydation du phosphore cérébral qui produit
» *matériellement* l'éclair brillant de la pensée. »

J'avoue que je suis bien surpris que des hommes,
qui démêlent si bien les ressorts de la nature, s'obs-
tinent à méconnaître la main qui préside si visiblement au jeu de ces ressorts, et en viennent à conclure
que la pensée du savant se dépose au fond de son pot
de chambre !

Comment ces physiologistes ne s'aperçoivent-ils pas,
qu'en faisant de la pensée un dépôt d'urines, ils font
des œuvres de l'esprit humain une question de *voirie*,
et qu'ils mettent la police dans la nécessité de balayer
leurs discours et leurs écrits comme on balaye des
immondices ?

Le matérialisme est un monstre qui peut déchirer
et dévorer la Société (1).

XIV

Le dogme de l'immortalité de l'âme est l'idée la plus
consolante, et en même temps la plus réprimante que
l'esprit humain ait pu recevoir. Cette belle philoso-
phie était chez les Egyptiens aussi ancienne que les

(1) Voltaire, *Dict. philos.*

Pyramides : elle était avant eux connue en Perse, aux Indes et en Chine.

Si vous m'objectez que de certaines peuplades sauvages vivent en société sans croire en Dieu et en une âme immortelle. En ce cas je vous répondrai que les loups vivent ainsi, et je vous demanderai si, quand vous avez prêté votre argent à quelqu'un de votre société, vous voudriez que ni votre débiteur, ni votre procureur, ni votre notaire, ni votre juge ne crussent en un Dieu rémunérateur du bien et vengeur du mal.

Si l'idée d'un Dieu, auquel nos âmes peuvent se rejoindre, a fait des Trajan, des Marc-Aurèle, des Socrate, des Vincent de Paul et tant de personnages vertueux : ces exemples suffisent pour ma cause, et ma cause est celle de tous les hommes (1).

Mais comment les justes seront-ils récompensés et les méchants punis dans l'autre vie? — Je l'ignore.— Mais je me repose avec confiance sur la bonté et la justice de Dieu.

XV

De ces trois grandes vérités, *Dieu*, *l'âme* et *l'immortalité* découlent mes devoirs et les règles de ma conduite.

« Puisque je tiens tout de Dieu, je lui dois *obéis-*
» *sance, amour* et *culte.*

» Je lui dois *obéissance;* car il m'est évident que les
» lois que j'ai reçues de lui, sont celles que la lumière

(1) Voltaire, *Dict. philos.*

» naturelle me fait connaître pour véritables guides
» d'une conduite raisonnable. Si je manquais d'obéis-
» sance à cet égard, je pécherais non-seulement con-
» tre le principe de mon être et contre la société de
» mes pareils, mais contre moi-même (1). »

A l'égard de *l'amour*, nous ne pouvons comparer les choses divines aux terrestres. Il manque précisément un infini d'échelons pour nous élever de nos inclinations humaines à cet amour sublime. Cependant, puisqu'il n'y a d'autre appui pour nous que la terre, tirons nos comparaisons de la terre. Nous voyons un chef-d'œuvre de l'art en peinture, en sculpture, en architecture, en poésie, en éloquence ; nous entendons une musique qui enchante nos oreilles et notre âme, nous l'aimons sans qu'il nous en revienne le plus léger avantage, c'est un sentiment pur. Nous allons même jusqu'à sentir quelquefois de la vénération, de l'amitié pour l'auteur ; et s'il était là, nous l'embrasserions.

C'est à peu près la seule manière dont nous puissions expliquer notre profonde admiration, et les élans de notre cœur envers l'éternel Architecte du monde. Nous voyons l'ouvrage avec un étonnement mêlé de respect et d'anéantissement, et notre cœur s'élève autant qu'il le peut vers le divin Ouvrier.

Mais quel est ce sentiment ? Je ne sais quoi de vague et d'indéterminé, un saisissement qui ne tient rien de nos affections ordinaires. Une âme plus sensible qu'une autre peut être si touchée du spectacle de la nature, qu'elle voudrait s'élancer jusqu'au Maître éternel qui l'a formée.

---

(1) Spinosa, traduit et cité par Voltaire.

Quant au *Culte*, il n'y a point de nation civilisée, qui ne rende un hommage public d'adoration à Dieu. Les athées affirment qu'il n'y a qu'un pas de l'adoration à la superstition. Il y a l'infini pour les esprits bien faits. Un bon prêtre, doux, pieux, sans superstition, charitable, tolérant, est un homme qu'on doit chérir et respecter (1).

XVI

Honore ton père et ta mère; assiste-les dans leurs besoins, leurs maladies, leur vieillesse ;

Respecte la vie, le bien et l'honneur de ton semblable ;

Soigne et élève bien tes enfants ;

Ne mens jamais, sois bon et miséricordieux ;

Sers ton pays avec dévouement.

Sont des lois morales aussi anciennes, aussi universelles, aussi immuables que les lois physiques qui règlent le cours des astres, qui nous envoient la lumière et la chaleur du soleil, qui président à la formation et au développement de tous les êtres. Ces lois morales, appelées à juste titre, *Commandements de Dieu*, ont existé, elles existent chez tous les peuples dignes du nom d'homme.

Si ces lois morales n'existaient pas dans le cœur de l'homme, d'où lui viendraient donc ces transports d'admiration pour les actes héroïques, ces ravissements d'amour pour les grandes âmes? Otez de nos

(1) Voltaire, *Dictionnaire philosophique.*

cœurs cet amour du beau, vous ôtez tout le charme de la vie. Qu'est-ce qui nous laisse une impression plus agréable après l'avoir fait, d'un acte de bienfaisance ou d'un acte de méchanceté ? Voit-on dans une rue ou sur un chemin quelque acte de violence et d'injustice, à l'instant un mouvement de colère et d'indignation s'élève au fond du cœur, et nous porte à prendre la défense de l'opprimé. Au contraire, quelque acte de clémence ou de générosité frappe nos yeux, quelle admiration, quel amour il nous inspire! Qui est-ce qui ne se dit pas: J'en voudrais avoir fait autant?

Il nous importe sûrement fort peu que Néron se soit souillé de crimes, ait fait assassiner sa mère, il y a dix-huit cents ans : nous n'avons pas peur d'être ses victimes ; et cependant nous avons de ce monstre la même horreur que s'il était notre contemporain. Pour qui s'intéresse-t-on sur nos théâtres? Est-ce au parjure qui trahit son ami, au lâche qui vend son pays, au débauché qui ruine sa famille, ou bien à l'homme laborieux, intègre et courageux, qui se sacrifie au bonheur des siens, à la gloire de son pays?

Nous ne haïssons pas seulement les méchants, parce qu'ils nous nuisent, mais parce qu'ils sont méchants. Enfin l'on a, malgré soi, pitié des infortunés ; quand on est témoin de leur mal, on en souffre. Les plus pervers mêmes ne peuvent perdre tout à fait ce penchant : on a vu de féroces assassins soutenir un homme en défaillance (1).

Le bien, le beau, le vrai: telle est donc la destination de l'homme sur la terre; c'est à ce triple but

(1) J.-J. Rousseau, *Emile*.

qu'il doit s'efforcer d'atteindre en prenant pour règles
de sa conduite les lois morales, ou Commandements
de Dieu, que l'observation raisonnée montre si pro-
fondément gravées dans le cœur de tous les hommes
de tous les temps, de tous les lieux.

XVII

Ces lois morales, prescrivant aux chefs de la nation,
dont je fais partie, les mêmes devoirs qu'à moi, il s'en
suit que l'Etat ne peut, non-seulement m'empêcher de
faire le bien, de rechercher le beau et le vrai, tant
dans mon intérêt que dans celui de ma famille et de
la société, mais qu'il a l'obligation d'exiger, que je
me procure les moyens d'arriver à ce triple but, et de
me protéger contre quiconque tenterait, fût-ce même
ses agents, d'entraver mes efforts physiques et intel-
lectuels dirigés vers ce point ; comme aussi son devoir
est de ne donner la préférence qu'au mérite et à la
vertu, dans la nomination aux emplois publics.

De là résultent la *liberté*, l'*égalité* et l'*instruction obli-
gatoire* pour tous les citoyens.

De là il résulte encore que tout pays gouverné d'a-
près les lois morales précédemment établies est une
République, parce que la *chose publique*, c'est-à-dire
l'intérêt moral, civil, politique et religieux de chacun
y est garanti, protégé et secouru.

Quant au titre à donner au chef de l'Etat, c'est à la
nation librement consultée, ou à ses représentants
librement élus, qu'il appartient de décider. Mais qu'on

appelle ce chef *président, monarque,* ou comme on voudra, toujours est-il que le gouvernement sera une *République* ou la *chose publique,* tant que le gouvernement ne confisquera pas les droits naturels de chacun à son profit et à celui de ses créatures. Dans ce dernier cas, le gouvernement deviendrait un *despotisme,* une *tyrannie,* quand bien même le mot *République* se lirait sur tous les édifices publics. Ce serait alors comme une étiquette de vin de Champagne collée sur une bouteille de cidre.

Maintenant, tous les citoyens doivent-ils être admis à l'élection de leurs représentants ?

A cette question, je réponds par celle-ci : Tous les citoyens sont-ils propres au service militaire ? Évidemment non. Les conseils de révision rejettent, pour cause d'infirmités morales et physiques, presque la moitié des individus appelés chaque année au tirage au sort. Il me semble donc juste qu'on exclue du suffrage universel tous ceux qui seraient reconnus atteints d'infirmités morales et intellectuelles, tels que ceux qui ne savent ni lire, ni écrire.

XVIII

Robespierre fit décréter l'existence de l'Être suprême ; les libres penseurs d'aujourd'hui trouvent trop réactionnaire le sanglant niveleur social de 93.

« Nous repoussons hautement de toutes nos forces, » s'écrient-ils, les croyances traditionnelles et universelles d'un Dieu et d'une âme immortelle qu'on

» imagine nécessaires pour fonder les sociétés, mais
» qui n'ont jamais fondé que l'arbitraire et le despo-
» tisme ; pour nous, nous voulons donner aux socié-
» tés une base plus naturelle et bien plus inébranla-
» ble, la *Justice*, que nous définissons : *l'Egalité des*
» droits. »

« Cette morale est de beaucoup supérieure à toutes
» les admissions religieuses, et en particulier à la mo-
» rale évangélique, exorbitamment vantée.

» Le bien, ajoutent-ils dans leur catéchisme popu-
» laire, est ce qui est conforme à la nature de l'homme;
» le mal, ce qui lui est contraire. »

A merveille ! Mais s'il n'y a ni Dieu, ni âme immortelle, l'amour de la justice, que j'éprouve en moi, n'est
pas un sentiment divin : ce n'est qu'un penchant, un
instinct, semblable à celui qui me porte à l'égoïsme, à
la paresse, à l'envie, à l'intempérance, à la luxure. Or,
comme je me sens beaucoup plus fortement entraîné
à ne rien faire et à mener joyeuse vie qu'à gagner mon
pain à la sueur de mon front, et à en donner un mor-
ceau à mon voisin, que je déteste, je juge que les passions de l'homme sont ce qu'il y a de plus conforme
à sa nature, et que par conséquent elles sont le vrai
bien.

D'un autre côté, ma raison me démontre qu'il est
conforme à la nature d'un être intelligent, qui n'a
pas de comptes à rendre à un maître suprême, et qui
n'est composé que d'un corps périssable, de donner à
ce corps toutes les jouissances possibles pendant sa
courte durée sur la terre. Donc les fraudes, les ban-
queroutes, les larcins, les concussions, les vénalités
de toutes espèces, le despotisme sous toutes les formes, les trahisons, les parjures, les lâchetés sont des

actes non-seulement tolérés, mais recommandés par la raison, du moment qu'ils aident à satisfaire les instincts de notre nature.

S'il n'est point d'autre vie, le fripon est le seul qui raisonne; l'honnête homme est un sot dans sa misère (1).

Voilà où conduisent les principes des libres penseurs : au droit du plus fort et du plus fripon.

« Buvons, mangeons, faisons bombance! car demain nous serons crevés. » — Tel était le principe des anciens athées. — Ils étaient francs et logiques, au moins, ceux-là. Ils savaient bien que leurs doctrines étaient la négation de toute vertu ; ils n'avaient ni la sottise, ni l'hypocrisie d'aller parler conscience et justice à des gens qu'ils assimilaient aux pourceaux.

On gémit sur nos scandales et sur nos turpitudes, quand, depuis plus de vingt ans, des hommes publics prêchent publiquement que l'athéisme apporte une morale supérieure à celle de l'évangile !

Vous voulez sauver et régénérer la nation... commencez donc par étouffer le monstre qui la déchire et la dévore (c'est l'expression de Voltaire), et la France applaudira, car la France est honnête : elle croit que la liberté, l'égalité, le développement du bien-être matériel, le progrès intellectuel de l'homme reposent sur la croyance en Dieu et en l'immortalité de l'âme.

(1) J.-J. Rousseau, *Émile*.

XIX

Il est une dernière question qui, dès les temps les plus reculés, a été le miroir aux alouettes, au moyen du quel les chasseurs de popularité ont pris et plumé le pauvre peuple : *c'est l'inégalité des conditions et des fortunes.*

— Tous les hommes naissant égaux ont naturellement droit à une part égale des biens de la terre qui est leur patrimoine. Pourquoi alors y a-t-il des riches; pourquoi y a-t-il des pauvres?

— Pour que tous les hommes fussent égaux, il faudrait qu'ils fussent tous sans passions, qu'ils ne ressentissent d'autres besoins que ceux des animaux, qu'ils pussent se passer de vêtements, n'avoir d'autre logis et d'autre lit que celui des ours et des chevreuils. Dans ce cas, les hommes seraient aussi égaux, aussi indépendants que les quadrupèdes, les oiseaux et les poissons; la domination serait alors une chimère, une absurdité à laquelle personne ne songerait; car pourquoi chercher des serviteurs, quand on n'a besoin d'aucun service?

Mais l'homme n'étant ni cheval, ni ours, ni loup, il est nécessaire que dans une société, il y ait une infinité de citoyens utiles qui ne possèdent que leur travail pour vivre; car certainement un homme à son aise ne quittera pas sa terre pour venir labourer la vôtre; et si vous avez besoin d'une paire de souliers, ce ne sera pas un ministre qui vous la fera. L'égalité

des fortunes est donc à la fois la chose la plus naturelle et en même temps la plus chimérique (1).

« O peuple, de tous les peuples le plus fou et le plus
» facile à jeter dans le délire et les sottises, disait en
» plein théâtre le libre Aristophane aux démocrates
» athéniens, il y a deux mille trois cents ans, si vous
» étiez tous également riches, qui voudrait forger le
» fer, coudre les vêtements, cuire le pain, blanchir,
» faire de la brique, bâtir des maisons, couper le cuir,
» labourer, moissonner, battre et moudre le blé ? Sa-
» che, ô peuple, que les hommes doivent plus à la
» pauvreté qu'à la fortune, et pour le corps et pour
» l'esprit. Avec la richesse, ils sont goutteux, ventrus,
» lourds, chargés d'embonpoint; avec la pauvreté, ils
» sont minces, sveltes, robustes, redoutables à l'en-
» nemi. La pauvreté donne du génie au travailleur.»

Le genre humain, tel qu'il est, ne peut donc subs-
sister à moins que la société ne soit divisée en deux
classes, l'une de riches, l'autre de pauvres; et ces
deux classes se subdivisent en mille, et ces mille ont
encore des nuances différentes.

Nulle loi humaine ne peut changer cet état de choses, pas plus qu'elle ne peut décréter que tous les
hommes soient égaux en taille, en beauté, en force
et en intelligence. La seule amélioration possible,
c'est que le pauvre se rappelle qu'il n'y a pour lui que
trois manières de vivre : travailler, voler ou mendier;
— c'est que, de son côté, le riche se dise : je suis
homme comme mon serviteur; comme lui, je mour-
rai dans les mêmes angoisses; comme lui je n'aurai
que six pieds environ sous la terre; et, comme lui, je

(1) Voltaire, *Dictionnaire Philosophique*.

paraîtrai devant un juge suprême qui promet le bonheur à ceux qui ont souffert, et qui punit les mauvais riches.

CONCLUSION

C'est en vain que les hommes travaillent à bâtir un édifice social durable, si Dieu n'en jette les fondements : c'est ce que démontre l'expérience raisonnée ; c'est ce qu'ont prouvé Voltaire et J.-J. Rousseau, qu'on n'accusera ni d'ignorance, ni de bigotisme, ni de papisme.

---

www.ingramcontent.com/pod-product-compliance
Lightning Source LLC
Chambersburg PA
CBHW060805280326
41934CB00010B/2564